Eduard Hermann Küchling

Morgenrot

Festspiel in zwei Aufzügen

Eduard Hermann Küchling

Morgenrot
Festspiel in zwei Aufzügen

ISBN/EAN: 9783743312111

Hergestellt in Europa, USA, Kanada, Australien, Japan

Cover: Foto ©Thomas Meinert / pixelio.de

Manufactured and distributed by brebook publishing software (www.brebook.com)

Eduard Hermann Küchling

Morgenrot

Morgenrot.

Festspiel in zwei Aufzügen

von

Hermann Kuchling.

Leipzig,
Verlag von Wilhelm Friedrich.

(Zur Aufführung angenommen vom Stadttheater in Leipzig.)

Alle Rechte vorbehalten.

Personen:

Jérôme, König von Westfalen.
v. Bouthillier, General.
Boinet, Adjutant.
v. Schele, Gouverneur von Osnabrück.
Struckmann, Präfekturrat.
Friederike, seine Frau.
Helene, seine Tochter.
Anna, seine Nichte.
v. Dincklage, Oberst.
Balke, Tribunalrichter.
Ehmbsen, Friedensrichter.
v. Reichmeister, Assessor.
v. Brandenstein, Avoué.
Stüve, Assessor.
Dr. Bezin.
Gruner, Magister.
Pagenstecher, Assessor.
Enners, Klubdiener.
Ein Ausrufer.
Gefolge des Königs, Frauen und Bürger von Osnabrück, Soldaten, Klubgäste.

Ort der Handlung: Osnabrück.
Zeit der Handlung: 1. Akt 1812, 2. Akt 1813.

Erster Aufzug.

Klubgarten; im Hintergrunde das Klubhaus; links ein Pförtchen.

Erste Scene.

Balke und Ehmbsen; bald darauf Enners, später v. Dinclage, noch später Struckmann.

Balke
(der am Eingang mit Ehmbsen zusammentrifft).

Haben Sie eine Ahnung, Herr Friedensrichter, wozu unser Herr Präsident uns so eilig zusammenruft?

Ehmbsen.

Ich wollte Sie fragen, Herr Tribunalrichter, ob Sie es nicht wüßten.

Balke (rufend).

Enners! (Zu Ehmbsen) Vielleicht weiß er es. (Zu Enners, der herzutritt) Nun, Enners, was sollen wir hier?

Enners.

Was die Herren sollen, weiß ich nicht; ich weiß nur, daß ich so rasch wie möglich so viel französische Fahnen herbeischaffen soll, als sich auftreiben lassen. Ja, da schaff Einer! (An den Fingern zählend) 1802 englisch-hannöverisch, 1803 französisch, 1805 unter der Fuchtel von Russen und Schweden, 1806 preußisch, 1807 westfälisch-französisch, haben wir jedesmal mit den Herren die Fahnen wechseln müssen. Wer weiß, was nächstens kommt. Beim letzten Wechsel haben wir uns auch nicht besonders angestrengt, weder im Klub, noch in der Stadt. Wo soll ich nun Fahnen genug herschaffen?

Balke.

Leider, leider! Man findet sich nicht genug in die Zeit.

Ehmbsen.

Weil man — excusez, Herr Tribunalrichter — weil man sich für zu gut zur Wetterfahne hält.

Balke.

Und doch, Herr Friedensrichter, hält die Wetterfahne in Stürmen aus, welche die starrsten Eichen stürzen. Und was will eine kleine, nicht einmal einige Bürgerschaft mit Starrsinn in Zeiten erreichen, in der Throne wie Binsen fallen, die Fürsten von Tag zu Tag ihre Entschließungen wechseln und am Ende doch alle dem Einzigen sich beugen müssen, der Kraft und Willen hat? Ich fürchte, ich fürchte . . .

Oberst v. Dincklage
(der unbemerkt herzugetreten ist).

Was fürchten Sie, Herr Tribunalrichter? Furcht ist nicht Osnabrücker Art, am wenigsten jetzt, wo es nicht schlimmer werden kann. Hoffen, hoffen ist jetzt die Losung. In Rußland wird der Korse . . .

Balke
(erschrocken sich umsehend).

Herr Oberst, Herr Oberst — dieses Wort . . . !

Oberst.

Ach was! Hier im Klub giebt es weder Spione noch Verräter.

Balke.

Gewiß nicht. Aber was hoffen Sie und von wem? Von dem heiligen römischen Reiche deutscher Nation, das so kläglich in Trümmer gefallen ist? Von den deutschen Fürsten, die einander keine Quadratmeile Landes gönnen und deshalb um die Wette Napoleon umschmeicheln? Oder von den Russen, die hier wie die Wilden gehaust haben, trotz ihrer Freundschaft?

Oberst.
Preußen ist erwacht....

Balke.
Und opfert, wenn es wieder einschläft, seine besten Männer!

Ehmbsen.
Aber das deutsche Volk ist munter geworden, aufgerüttelt durch fremde Knechtschaft und die kleinliche Selbstsucht seiner Fürsten.

Balke.
Gehen Sie mir mit dem Volke!

Oberst.
Gehören Sie nicht auch, gehören wir nicht alle zum Volke?

Balke.
Eben deshalb. Sind wir einig? Ich und Tausende mit mir erwarten Rettung und Heil von dem Einzigen, der imstande ist, auf Trümmern ein neues gewaltiges Reich zu errichten.

Ehmbsen.
In dem wir die Knechte sind.

Balke.
Die Knechtschaft wird aufhören, wenn ganz Europa den Herrn hat, der klug genug sein wird, die Unterworfenen zu seinen Freunden zu machen.

Oberst.

Das hat er bewiesen! Uns sucht er zu gewinnen durch den Bruder Lustik, der im Blutschweiße des Volkes sich badet.

Balke.

Herr Oberst!

Oberst.

Ich verstehe, daß er es trotzdem versteht, sich Freunde zu machen.

Balke.

Wir sind seine Unterthanen . . . .

Oberst.

Selbst hier im Klub, wo er durch den Herrn Gouverneur, unsern Präsidenten, regiert.

Ehmbsen.

Der auf heute wieder einen Ball angesetzt hat! Jetzt tanzen! Die Jugend, die kaum ein Kuhbein tragen kann, wird mitgeschleppt nach Rußland, gegen unsren Verbündeten . . . .

Oberst.

Eben deshalb muß das Alter tanzen, damit es seinen Gram und seine Sorge nicht fühlt!

Ehmbsen.

Und tanzen dürfen wir nicht einmal mehr den alten Schleifer und die anderen gewohnten Tänze, sondern tanzen müssen wir, wie sie tanzen am Hofe zu Kassel um das goldene Kalb, das dort steht . . . . . . (Schlägt sich auf den Mund). Hier sind wir ja noch glimpflich weggekommen in all den Wirren, aber rings umher herrschen Not und Elend. Ausgesogen, ausgequetscht wie eine Citrone bis auf den letzten Tropfen, jammern arme Gemeinden um Hülfe. Und wir sollen hier tanzen! Womöglich jede Woche tanzen!

Euners.
Und neue Fahnen schaffen!

Oberst.
Auch noch? Was soll das heißen? (Zu Struckmann, der hinzutritt) Wissen Sie es, Herr Präfekturrat?

Struckmann.
Ich bedaure, Herr Oberst. Aber da kommt ja der Herr Gouverneur.

Zweite Scene.

Die Vorigen; Gouverneur v. Schele mit Brandenstein und v. Reichmeister; gleich darauf Stüve, Dr. Bezin, Gruner u. A.

Oberst (v. Schele entgegengehend).
Sie haben, wie es scheint, eine Ueberraschung für uns, Herr Gouverneur.

v Schele.
Vraiment, meine Herren. Eine Ueberraschung für Sie und die ganze Stadt. Deshalb habe ich mir auch gestattet, außer den Mitgliedern des Vorstandes noch einige andere Herren hierher zu invitieren. Die Ueberraschung, so erfreulich und beglückend sie an und für sich ist, macht doch Vorbereitungen nötig, die ohne Unterstützung ... mit einem Worte, meine Herren, Se. Majestät Jérôme, König von Westfalen, unser allergnädigster Herr, wird in wenig Stunden in Osnabrück eintreffen und heute Abend mit höchstseinem Besuche das Ballfest des Klubs beehren.
(Bewegung.)

v. Schele.
Ich begreife, daß diese beglückende Botschaft Sie in einige Bestürzung versetzt. Se. Majestät hält in Kassel einen würdig glänzenden Hof...

Oberst
(halblaut, mit dem Fuße stampfend).

Der Schlemmer und Prasser!

v. Schele.

Unsere Verhältnisse dagegen . . .

Stüve.

Was der Krieg nicht verschlungen, verschlingt der Hof in Kassel.

Dr. Bezin.

Und die Maitressen.

v. Schele.

Eine würdige Hofhaltung braucht Mittel. Was von uns verlangt wird . . . doch das, meine Herren, besprechen wir wohl im Vorstandszimmer.

Oberst.

Mir ist es hier schon schwül genug.

Stüve.

Siedend heiß.

Ehmbsen.

Wir können hier so gut beraten, wie im Zimmer.

v. Schele (zu einem Tische tretend).

Wohl, meine Herren. (Auf Stühle deutend) S'il vous plaît.

Stüve (zur Seite).

Franzosenaffe!

Oberst (zu Struckmann).

Werden Sie auch Tochter und Nichte zur Begrüßung des Königs Lustik hierherführen, Herr Präfekturrat? Se. Majestät wissen Frauenschönheit zu würdigen!

Struckmann.

Dem König die Huldigung, die ihm gebührt, Herr Oberst. Vor Ungebühr werde ich mich und mein Haus zu schützen wissen, auch ohne Rat und Beistand.

v. Schele.

Die Ehre, die unserm Klub bevorsteht und Lasten von der Stadt abhält, fordert Opfer, die hoffentlich von kräftigen und willigen Schultern getragen werden. Für Dekoration, auch der Tafel, wird gesorgt werden. Die besten Köche der Stadt werden den unsrigen unterstützen! Aber unser Keller! Enners, wie steht es mit unseren Weinvorräten?

Enners.

Sauren haben wir genug.

v. Schele.

Und Champagner?

Enners.

Keinen Fingerhut voll. Der letzte ist auf Anweisung in die Spitäler geflossen.

v. Schele.

Aber wir brauchen Champagner, viel Champagner.

Oberst.

Für den Fall, daß Se. Majestät in Rußland keinen bekommt.

Gruner.

Dort wird man ihm schon etwas kalt stellen.

Ehmbsen.

Und wer soll das Alles bezahlen?

v. Schele.

Der Klub.

Ehmbsen.

Womit, s'il vous plaît? Mit Assignaten? Oder durch Requisition? Und wer schafft unsern Frauen und Töchtern den Schmuck, an dem Se. Majestät sehen will, wie herrlich unter seiner Herrschaft das Land gedeiht?

Struckmann.

Se. Majestät wird, wenn ihm beim Empfang die Lage der Stadt und der Gesellschaft geziemend dargelegt wird, fürlieb nehmen mit dem, was ihm geboten werden kann. Aber so arm sind wir noch nicht . . . .

Mehrere.

Sie nicht!

Struckmann.

Ich und mancher Andre nicht, um Sr. Majestät, dem Repräsentanten der staatlichen Autorität, einen geziemenden Empfang verweigern zu müssen. Und von dem, was mir geblieben . . .

Balke.

Auch ich kontribuiere.

v. Reichmeister.

Auch ich!

v. Brandenstein.

Und ich!

v. Schele.

Wenn Alle von gleicher Opferwilligkeit beseelt sind . . .

Gruner.

So laden wir den Fluch unsrer Umgebung auf uns. Der Hunger, Herr Gouverneur, sucht seine Opfer bis dicht an unsre Mauern. Mancher Kolon, von dessen Tischabfällen noch vor Jahresfrist Dutzende von Armen sich sättigten, sucht seit der letzten Kontribution und seit man ihm den letzten Gaul aus dem Stalle genommen, am Abend sein Strohlager, ohne zu wissen, woher er am andern Tage Brot für seine eignen Kinder nehmen soll. Es ist S ü n d e , Herr Präsident, in solchen Zeiten die Kehlen mit Champagner zu waschen!

Struckmann (erregt).

W i r wollen sie nicht waschen, Herr Magister! Wir wollen auch nichts nehmen von denen, die selbst darben. Die noch nicht darben, sollen und müssen geben, damit von Allen ein noch schwereres Unheil abgewendet werde.

Pagenstecher.

Geben für wen?

Struckmann.

Für den, der die Macht hat und n e h m e n kann, wenn wir nicht g e b e n.

Oberst.

So mag er nehmen und sich in seiner wahren Gestalt zeigen!

Gruner.

So mag der Prasser pressen!

v. Schele (sich zur Ruhe zwingend).

Sie vergessen, Herr Magister, Ihr Amt und das meinige. Als Gouverneur und Präsident dieses Klubs muß ich die mir übertragenen Aemter niederlegen, wenn nicht geschieht, was ich für unerläßlich, (mit erhobener Stimme) für unerläßlich halte!

Struckmann.

Das Wohl der Stadt steht auf dem Spiele! Sie wird büßen müssen, was wir verweigern. (Zu Dincklage) Herr Oberst, Sie hatten stets ein Herz für die Bedrängten. (Zu Gruner) Und Sie, Herr Magister, der Sie in den Kummer so mancher Familie blicken, beschwören sie nichts Schlimmeres herauf!

Gruner.

Und wenn das Schlimmere doch kommt? Wenn aus Rußlands Eisgefilden halbverhungert und erfroren Scharen um unser Mitleid flehen; wenn das Vaterland gleichzeitig zu einer letzten gewaltigen Anstrengung uns aufruft und wir mit leeren Händen stehn und sagen müssen: wir gaben das Letzte, um dem König Jérôme einen lustigen Abend zu machen, bevor er mit hinauszog, um auch Rußland zu unterjochen?

Balke.

Das werden wir nie erleben! Als Europas Beherrscher kehrt Napoleon zurück, und wehe denen, die seinem königlichen Bruder den letzten Labetrunk in seinem Königreiche versagten!

Struckmann.

Die Zukunft steht in Gottes Hand. Wir haben zu erfüllen, was er fordert durch die von ihm gesetzte Obrigkeit.

Dritte Scene.

Die Vorigen; General v. Bouthillier und sein Adjutant Boinet.

General
(bei dessen Nahen sich alle erheben).

Ah, Messieurs, if freuen mif, ju sehen Sie in Beratung über la fête pour Sa Majesté. Sie seien einif, daß cette fête müssen sein eine würdife. Aber Ihre Beratung seien sehr troken. Garçon! Du vin, ju trinken auf Einiffeit und votre dévouement de fidèles sujets. (Zu Enners, der zögert) Soll if Beine maken? Allons!
(Enners auf einen Wink v. Scheles ab.)

Struckmann.

Ja, Herr General, wir sind einig. Aber was wir vermögen . . .

General.

Ah, messieurs sein ju bescheiden. Wir kennen das;

(mit scharfer Betonung) eine contribution würden bringen
su Tage, was sollen sein verborken. (Bewegung). Mais
laissons cela. Voilà du vin, su trinken auf le zèle
du club et la fête de ce soir.

v. Schele (während Enners Wein einschenkt).

Das Fest, Herr General, wird getragen sein vom
Geiste der Loyalität, aber die Kürze der Zeit, die Beschränkt=
heit unserer Mittel ...

General.

Je comprends! Sie glauben nicht su aben l'auto-
rité über die Erren Mitglieder. Sie brauchen autorisation
et contribution. Eh bien! It werden lassen rufen die
Erren Mitglieder susammen.
(Giebt seinem Adjutanten einen Auftrag. Adjutant Boinet ab.)

General.

Spreken Sie su den Erren. Fordern Sie. Und wenn
nicht fließen der Gold, so lassen Sie rufen mik. It
werden maken fließen! (Draußen Trommelwirbel.)

Stimme des Ausrufers.

Se. Majestät der König beehrt die Stadt mit seinem
Besuche. Schmückt sie mit Fahnen. Schmückt Euch selbst
und zieht ihm entgegen, damit er Euch ein gnädiger Herr sei.
- (Bewegung unter den Versammelten. Neuer Trommelwirbel.)

Stimme des Ausrufers.

Die Mitglieder des Klubs, den Se. Majestät heute
mit seinem Besuche begnaden wird, mögen sich schleunigst
versammeln, um einen würdigen Empfang vorzubereiten.

General.

So, messieurs. Bald Sie werden sein vollsälik. Und
wenn nicht elsen die Ansahl, so werden elsen ik selbst.
Wir verstehen das. Und nun, messieurs, vive le zèle du

club et la fête de ce soir, vive Sa Majesté le roi, vive le grand empereur dont le génie magnanime a répandu les rayons de sa gloire même sur ce triste coin de votre pays, l'empereur du monde!

(Er blickt scharf um sich und unter der Drohung seines Blickes trinken und rufen selbst der Oberst, Gruner, Stüve, Ehmbsen und Pagenstecher, wenn auch mit sichtlichem Widerstreben. General mit erhob nem Haupte ab.)

Vierte Scene.

Die Vorigen ohne den General und seinen Adjutanten.

Oberst (wirft sein Glas zur Erde).

Daß mir dieser Tropfen zu Gifte werde!

Struckmann
(tritt, während die Uebrigen um v. Schele eine bewegte Gruppe bilden, zu Dincklage).

Lassen Sie uns nicht streiten, Herr Oberst, um den menschlichen Wert König Jérômes. Leider bin ich darüber mit Ihnen einer Meinung. Aber es handelt sich nicht um eine Person, sondern um seine Würde und seine Macht. Auch darüber lassen Sie uns nicht streiten, was Deutschland mehr frommt, Napoleons Sieg oder sein Fall. Sie wünschen diesen um Ihres schwer geprüften Vaterlands willen, ich fürchte ihn aus gleichem Grunde. Das Vaterland liebe ich wie Sie. Und um seinetwillen, bei unsrer alten Freundschaft beschwöre ich Sie, keinen Widerspruch zu erheben gegen das, was sein muß, wenn Sie nicht die schwersten Gefahren über uns Alle heraufbeschwören wollen!

Oberst.

Ich sehe keine Gefahr, wenn wir dem Feinde, dem Blutsauger verwehren, was wir besser brauchen können.

Struckmann.

Aber was er zehnfach zu erzwingen vermag.

Oberst.

Er wagt es nicht, wenn wir wagen. Er wagt es nicht, weil er nicht weiß, wie der russische Feldzug endet.

Struckmann.

Auch wir wissen es nicht und müssen uns deshalb fügen.

Oberst.

Fügen, fügen und immer fügen! Hilf Dir selbst, so hilft Dir Gott!

Struckmann.

Wir verstehen und finden einander nicht mehr! Herr Assessor Stüve! Helfen Sie, daß wir uns verständigen. Wir verstanden einander doch sonst so gut. Ich weiß, Sie lieben meine Tochter. Ich habe mit Freuden diese Neigung keimen und wachsen sehen. Ich hoffte, mein Kind würde an Ihnen eine Stütze fürs Leben finden, wenn ich nicht mehr bin. Aber ich kann meine Einwilligung zu diesem Bunde nicht geben, wenn Sie um einer trügerischen Hoffnung willen mit Gefahren spielen, in denen Sie und Alle untergehen können, die ihr Geschick Ihnen anvertrauen.

Stüve
(mit sichtbarem inneren Kampfe).

Herr Präfekturrat! Der Himmel ist mein Zeuge, daß ich keinen heißeren Wunsch hege, als Ihrer Tochter die Hand zum Bunde fürs Leben zu reichen. Aber ich würde Helenens Achtung und Liebe zu verlieren fürchten, wenn ich mein deutsches Herz verleugnete und dem Todfeinde unserer Freiheit und Selbständigkeit huldigte.

Struckmann (erregt).

Soll das heißen, Herr Assessor, daß meine Tochter mir ihre Achtung und Liebe versagt, weil ich nicht schwärme wie Sie?

Stüve.

Das hab' ich nicht behauptet, Herr Präfekturrat!

Struckmann.

Das haben Sie! Wie sollte mein Kind an mir achten und lieben, was es an Ihnen hassen und verachten müßte?

Mit Ihrer unreifen Schwärmerei haben Sie mein Kind angesteckt und suchen es vom Herzen des Vaters zu reißen!

Stüve.

Dieser Vorwurf, Herr Präfekturrat . .

Oberst.

Ist eine Beleidigung, die auch mich trifft. Wie mein Neffe denkt, so denke auch ich. Wie er zu Ihrer Tochter gesprochen, so spreche ich zu ihm und zu ihr. Und ich bin kein unreifer Schwärmer; ich weiß, was ich will und wollen muß, um mit Ehren den Namen eines deutschen Mannes zu tragen.

Struckmann (immer leidenschaftlicher).

Und mir erkennen Sie diese Ehre ab?

Oberst.

Wenn Ihnen ein wackerer Deutscher, weil er ein solcher ist, unwert erscheint, Ihr Schwiegersohn zu werden, so sind Sie nicht wert . . .

Struckmann.

Genug, Herr Oberst! Sie brauchen nicht auszureden. Kennte ich meine Mannespflicht nicht besser, als ich sie kenne, so würde ich Ihnen mit dem Degen oder der Pistole antworten. So habe ich die Ehre, Sie und Ihren Herrn Neffen zu ersuchen, alle Beziehungen zu mir und meiner Familie als gelöst zu betrachten, alle! Ich werde Mittel finden, meinem Ersuchen nötigenfalls den gehörigen Nachdruck zu geben. (Wendet sich ab und trifft auf Pagenstecher, der sich der Gruppe naht.) Ich habe soeben Herrn Assessor Stüve gebeten, mein Haus und meine Familie zu meiden. Was mich dazu veranlaßt, veranlaßt mich auch, Sie um die Einstellung Ihrer Bewerbungen um meine Nichte Anna zu ersuchen. (Tritt zu der Gruppe, die sich um v. Schele gebildet.)

Fünfte Scene.

Die Vorigen; andere Klubmitglieder.

(Alles drängt und spricht durcheinander; **Struckmann, Balke, v. Brandenstein** und **v. Reichmeister** eilen von einem zum andern und reden eindringlich und mit lebhaften Bewegungen; der **Oberst, Ehmbsen, Stüve, Dr. Vezin, Pagenstecher** und **Gruner** werden zur Seite gedrängt und sehen finster dem Treiben zu.)

v. Schele (auf den Tisch klopfend).

Ich bitte um Ruhe! Meine Herren! Sie Alle haben bereits erfahren, um was es sich handelt. Ehre und Zukunft nicht nur dieses engeren Kreises, sondern der ganzen Stadt stehen auf dem Spiele. Würdiger Empfang und möglichst glänzende Bewirtung Sr. Majestät **aus freiem Willen**, oder das Gleiche und wer weiß was obendrein durch die Mittel, die in die Hand des Herrn Generals von Bouthillier gegeben sind: das ist die Frage. Ich appellire an Ihren freien Willen, Ihre Vernunft und Ihren Patriotismus. Wer wagt es, die Gewalt herauszufordern, die ungleich mehr erzwingen wird, als was der freie Wille gewähren kann?!

Oberst.

Das ist ein freier Wille, den man mit Drohungen einschüchtert!

v. Brandenstein.

Das sind die Männer der Freiheit, die uns der Gewalt überliefern wollen!

Balke.

Das sind die Volksfreunde, die geizen mit ihrem Reichtume, damit alle bluten müssen!

v. Reichmeister.

Stimmt sie nieder, die uns verderben wollen!

Stimmen.

Lieber freiwillig, als gezwungen!

Andre Stimmen.

Hoch der König, der fürlieb nehmen will mit dem, was wir ihm bieten können!

Noch andere Stimmen.

Hinaus mit denen, die uns den König zum Feinde machen wollen, um zu sparen!

v. Schele.

Die Zeit drängt. Kommen wir zum Schluß. Wer will freiwillig opfern, was er kann, um nicht opfern zu müssen, was er nicht kann. Hoch die Hände der Freiwilligen, der Opferbereiten, der Gegner des furchtbaren Zwangs! (Die meisten Arme strecken sich empor.) Die überwältigende Mehrheit ist für die freiwillige würdige Huldigung und giebt mir Vollmacht, auszuführen, was nötig ist. Ich werde Gebrauch machen von dieser Vollmacht.

Pagenstecher.

Sie erstreckt sich nicht über die Minorität.

v. Schele.

Auch über die Minorität.

Gruner.

Ich protestiere gegen diese Vergewaltigung!

Stimmen.

Wir treten aus!

v. Schele.

Das ist Ihr Recht.

Oberst.

Und Ihr Wunsch.

Dr. Bezin.

Ich weiche nicht. Ich verzichte nicht auf meine Stimme.

Gruner.

Die doch nicht gehört wird. Ich trete aus.

v. Schele.

Ich erwarte Ihre schriftliche Erklärung. Vor allem aber erwarte ich, daß das Fest nicht die geringste Störung erleide, nicht vom geringsten Mißklange getrübt werde. Ich würde es tief beklagen, wenn ich zu ernsten Maßregeln mich gezwungen sähe. Jedenfalls werden ausreichende Vorkehrungen getroffen werden. Die Opferwilligen brauche ich nicht zu mahnen, die eilenden Stunden auszunützen. Herr Tribunalrichter Balke wird wohl die Freundlichkeit haben, die Vorbereitungen zu überwachen und freiwillige Spenden zur rechten Verwendung zu bringen. Die Herren Assessor v. Reichmeister und Avoué v. Brandenstein werden ihn sicherlich gern unterstützen.

v. Brandenstein.

Ich danke Ihnen für diesen ehrenden Auftrag, Herr Präsident. (Geht nach dem Hause).

Balke.

Ich werde sofort wieder zur Stelle sein. Kommen Sie, Reichmeister.

(Balke und v. Reichmeister ab.)

v. Schele.

Somit schließe ich diese Versammlung. Auf frohes Wiedersehen beim Feste!

(v. Schele mit Struckmann und Andern ab.)

Dr. Bezin (zu Pagenstecher).

Auch ich werde kommen; ich will sehen, was vor sich geht. Kommen Sie auch, Herr Assessor?

Pagenstecher.

Als kritischer Beobachter, ja.

Gruner.

Wohl bekomms! (Zu Stüve) Sehen wir uns anderwärts, Stüve?

Stüve.

Ich glaube nicht. Ich habe mit meinem Onkel etwas zu besprechen.

Dr. Bezin.

Ich werde mir morgen erlauben, die Herren zu einer Besprechung einzuladen.

Oberst.

Ich werde nicht fehlen. Also auf Wiedersehen.
(Dr. Bezin, Pagenstecher und Gruner ab.)

Sechste Scene.

Oberst; Stüve.

Oberst
(die Hand auf Stüves Schulter legend).

Mein armer Junge! Und ich bin es, der durch seine verdammte Heftigkeit das Gefäß zum Ueberlaufen brachte

Stüve.

Nicht Sie, Onkel. Es mußte so kommen. Und Struckmann hat Recht!

Oberst.

Das sagst Du?

Stüve (düster).

Er hat Recht, mich einen unreifen Schwärmer zu nennen. Ist es nicht unreife Schwärmerei, gegen eine Festlichkeit zu protestieren und im übrigen die Hände in den Schoß zu legen? Vom Manne will man Thaten, aus denen die Freiheit und die Sicherheit erwachsen. (Mit festem Entschluß) Lassen Sie mich Thaten thun, lassen Sie mich hinziehen, wo im preußischen Nordosten sich Männer sammeln zum Befreiungswerke. Der müßige Liebestraum ist zu Ende; von rauher Hand erweckt, sehe ich vor mir die klare Pflicht. Nur wer mit seiner Kraft und seinem Blute den deutschen Boden säubern hilft von fremden Erobererhorden, hat das Recht, ein deutsches Weib an seine Brust zu ziehen und ihm Schutz und Schirm zu bieten. Pfui über die Buben hinter dem Ofen, wie ich einer war, trotz der flammenden Lieder begeisterter Sänger! Sie als alter Soldat dürfen mich nicht halten!

Oberst (ihn umarmend).

Und ich halte Dich nicht! Des Herzens Stimme ist Gottes Stimme und der Gott, der Eisen wachsen ließ, der wollte keine Knechte! Zieh hin mit Gott und hilf sein Strafgericht vollziehen an dem, der uns knechtet! (Weich) Und solltest Du fallen . . . Junge, es wird mir das alte Herz brechen . . . aber dann hab ich doch auch ein Opfer gebracht auf dem Altare des Vaterlandes. — Und Helene denkt wie Du und ich . . .

Stüve
(die Hand vor die Augen pressend).

Helene! (Nach einer Pause). Ich muß sie noch einmal sprechen. Sie wird kommen . . . sie wird für den Vater so manches hier zu besorgen haben. Und er kann mir die Minute des Abschieds nicht verkümmern wollen. Das kann er nicht. Und wenn er es könnte, wär er seines Weibes und seiner Tochter nicht wert. — Lassen Sie mich allein. Wir sprechen uns noch.
(Der Oberst drückt ihm die Hand und will gehen.)

Stüve (hält ihn zurück).

Und nicht wahr, Onkel, Sie wissen ja, was man braucht zu dem Handwerke, dem ich mich weihen will. Machen Sie es mir zurecht. Ich könnte etwas vergessen. Mein Kopf ist wüst und nur hier (deutet auf seine Brust). . . .

Oberst (sieht ihm ins Auge).

Sei unbesorgt, Junge, es wird nichts vergessen. Ich stelle den Befreierscharen einen Reiter, an dem selbst der alte Blücher seine Freude haben sollte. (Oberst ab.)

Siebente Scene.

Stüve allein. Es beginnt zu dunkeln.

Stüve (dem Oberst nachblickend).

Wenn ich Dich nicht wiedersehn sollte . . . .! Wie schwach ist doch das Menschenherz trotz seiner Stärke. Am schwersten wird ihm der Abschied, den es doch selbst sich vorgesetzt. — Und wenn ich Abschied nehme auch von ihr . . . vielleicht für immer, — wahrscheinlich für immer! . . . Aber wenn ich bliebe, wäre das nicht auch ein Abschied? Ein langsamer, mit dem unvermeidlichen Tode der Liebe im Gefolge? Sie müßte mich verachten, wenn ich jetzt noch bliebe. Aber wenn ich falle, so errichtet sie in ihrem Herzen mir ein Denkmal, das nie vergeht. Sie kränzt es mit den schönsten Blumen ihres Gartens an jedem Gedenktage unsres kurzen Liebeslenzes. Das sei mein seliges Los. Ein Kämpfer für das Vaterland, der unsterblich im Herzen der Geliebten lebt, — dieser Preis ist das Opfer eines Abschieds wert!

(Bürger erscheinen mit Fahnen und Frauen mit Körben, die sie nach dem Hause tragen. Stüve tritt zur Seite. Auch Friederike und Helene erscheinen vom Nachbargarten her in Begleitung eines Dieners mit Körben. Brandenstein empfängt sie in der Thür des Hauses und geleitet sie in das Innere. Von fern hört man Musik und Volksgetöse; dazwischen Rufe: Der König kommt! Der König kommt! Dann Hochrufe, die sich fortpflanzen und in der Ferne verklingen.)

Stüve (nach vorn kommend).

Wie sie jubeln! Als käme der Heiland einer neuen Zeit und nicht der frivole Scherge des blutigen Tyrannen! — Und für solches Volk . . .! Aber wie viele jubeln blutenden Herzens, aus Herzensangst, aus Furcht vor einem Geschicke, das Palm erreichte. Wie werden sie erst jubeln, wenn das Herz den Mund nicht Lügen straft, wenn es mitzujubeln wagt und die bleiche Furcht verjagt ist von der goldenen Hoffnung. Das muß ein Jubel werden, der selbst die stillen Schläfer in ihren Gräbern weckt.

Achte Scene.

Stüve; Helene; v. Brandenstein.

Stüve
(der Helenen aus dem Hause treten sieht, eilt ihr entgegen).
Helene!

Helene (erschrocken).
Herr Assessor!

Stüve
(faßt ihre Hand und bemerkt nicht, daß v. Brandenstein Helenen folgt).
Nicht Herr Assessor! Den Assessor habe ich abgelegt in dem Augenblicke, da Ihr Vater mir sein Haus verbot

Helene.
O Gott, so ist es wahr?

Stüve.
Es ist. Ich muß Abschied nehmen, Abschied vielleicht für immer. Und hier muß es sein, Helene, und jetzt. Gönnen Sie mir nur eine Minute! (Tritt mit Helenen seitwärts vor ein Gebüsch, während v. Brandenstein vorsichtig und leise hinter dasselbe tritt.)

Stüve.
Noch diese Nacht findet mich auf dem Wege zu den Scharen, die sich sammeln, um das Werk der Befreiung zu vollbringen. Gelingt es, so wandelt sich wohl das harte Vaterherz; mißlingt es, so endet mit meinem Leben auch meine Qual. Aber lassen Sie mich nicht ziehen, Helene, laß mich nicht von Dir gehen ohne die Versicherung meiner unauslöschlichen Liebe, nicht ziehen ohne ein Wort von Deinen Lippen, das mich begleiten wird wie ein Talisman in Gefahr und Not!

Helene.

Nein, nein! Mein Vater ist nicht hartherzig! Er ist so besorgt um mein Glück. Er ist nur jäh und ... und denkt anders als wir über Deutschlands Zukunft. Aber er wird sich versöhnen lassen; er wird nicht wollen, daß ich in Sorge und Qual mich verzehre! (Flehend) Geh nicht von mir, Wilhelm!

Stüve (sie umschlingend).

Das ist das Wort der Liebe, nachdem ich mich gesehnt und das Du in Dich verschlossest trotz meines Flehens! Ich halte Dich in meinen Armen, küsse Deine lieben, lieben Lippen! Du bist mein, unverlierbar! Habe Dank, Du mein Alles! Du giebst mir mit auf meinen Weg, was selbst der Tod mir nicht rauben kann!

Helene (an seinem Halse).

Und doch kannst Du gehen?

Stüve.

Sagt Dein Herz es nicht selbst, daß ich muß? Würdest Du mich so lieben, so hingeschmiegt in meinen Armen liegen, wenn Du nicht wüßtest, daß ich den rechten Weg gewählt? Würdest Du so den Schwärmer küssen, der nicht den Mut hat, zu kämpfen für das deutsche Heim, das er für sich und seine Liebe ersehnt? Dein Geständnis, Dein Kuß gilt dem Manne, der Deiner Liebe wert sein will. So gieb mir und meinem Vorhaben Deinen Segen, meine Helene! (Kniet vor ihr nieder.)

Helene (ihn emporziehend).

Wie weißt Du nur, warum ich Dich so liebe, warum ich's jetzt Dir sagen mußte? Aber Du weißt es, und so kann ich Dich nicht halten. Gott sei mit Dir! Er wird barmherzig sein und Dich zurückführen oder auch mich abrufen, wenn Dir ... (ihn abermals umschlingend) laß mich's nicht ausdenken!

Stüve.

Denk an das Glück, das uns winkt, wenn Dein Segen

sich an mir erfüllt! — Leb wohl, meine Helene! Es wäre ein Frevel an Deiner Liebe, wenn ich Dich um Deine Treue bäte.

Helene.
Ich habe nur ein Herz und eine Liebe. Du bist mein und ich bin Dein für ewig.

Stüve.
Für ewig! (Will sich losreißen.)

Helene.
Aber ein Pfand meiner Liebe mußt Du mit Dir nehmen. Ich habe eine alte Münze. Mein Vater schenkte sie mir am Konfirmationstage. Trag sie auf Deinem Herzen. Erwarte mich noch einmal hier. Ich bringe sie mit. Küsse sie jeden Abend und denk, es sei Deine Helene.

Stüve.
Meine Helene!
(Helene umarmt ihn noch einmal und eilt dann zur Seite ab.)

Stüve
(blickt ihr mit gefalteten Händen nach, hebt sie dann zum Himmel und ruft aus) Ich habe ein Pfand, ein Pfand des Himmels, daß mein Vorhaben gesegnet ist! Wie Morgenrot glänzt es vor meinen Blicken; es ist das Morgenrot einer besseren Zukunft. Und leuchtet es mir zum frühen Tode, so sterb ich als der Glücklichste unter den Sterblichen: fürs Vaterland und meine Liebe! (Eilt ab.)

Neunte Scene.
v. Brandenstein; später Friederike; noch später Balke und v. Reichmeister.

v. Brandenstein
(tritt vor und blickt eine Weile starr vor sich hin).
Fürs Vaterland und seine Liebe! — Und ich, wofür lebe

ich? — Sie, die ich erringen zu können glaubte, wenn ich meinem Vaterlande gegenüber mein besseres Gefühl zum Schweigen brächte; — sie, für die ich mein deutsches Herz verleugnete... Sie erhebt meinen Feind zum Gotte! Sie wirft sich in seine Arme, ist stolz auf ihn, weil er sich von ihr reißt; und er reißt mir, triumphierend wie ein Sieger um den Doppelpreis des Heldentums und des Liebesglückes, von dem Munde den Becher, aus dem ich mit lechzenden Lippen mich zu berauschen hoffte! — Aber Du triumphierst zu früh! Noch bist Du nicht der Held, dem mit dem Lorbeer auch die Myrthe winkt. Mit deinem geträumten Heldentume fällt auch Dein Liebesglück in Trümmer. — Ewig! — Laß sehen, wie ewig die Treue währt, wenn aus dem kühnen Streiter ein thatenloser Gefangener wird. General von Bouthillier wird sich freuen und dankbar sein, wenn er erfährt, was der Herr Tribunalassessor im Schilde führt. Und der König wird die Sonne seiner Gnade aufgehen lassen über dem sorglichen Wächter. Ist mirs versagt, die süße Frucht der Liebe zu pflücken, so ist auch süß die Gunst der Mächtigen und süß die R a ch e. Ich will sie kosten!

(Wendet sich zum Hintergrunde, wo Friederike erscheint.)

Friederike.

Ich suche meine Tochter, Herr Avoué. Ist sie Ihnen nicht begegnet?

v. Brandenstein.

Demoiselle Helene hat sich beeilt, Frau Präfekturrätin, sich zum Balle zu schmücken, dessen schönste Zierde sie sein wird. Es ist auch die höchste Zeit und ich möchte mir gestatten . . . . .

Friederike.

Auch ich bin pressiert. Ich danke, Herr Avoué.

(Friederike zur Seite ab.)

v. Brandenstein (ihr nachsehend).

Ich habe eine Ueberraschung für sie.

Balke
(der mit v. Reichmeister eintritt).

Der Empfang Sr. Majestät war großartig. Das Volk ist doch loyaler, als ich dachte.

v. Reichmeister.

Nur hier sitzen die Unzufriedenen und Revolutionäre.

Balke.

Gott sei Dank, daß wir die schlimmsten los sind!

v. Brandenstein.

Kommen Sie endlich, meine Herren? Es giebt alle Hände voll zu thun. Dieser Enners hat Blei in den Beinen. Und die Lohndiener machen, was sie wollen. Es muß militärische Zucht in diese Gesellschaft.

v. Reichmeister.

Wird schon kommen. Einstweilen werd' ich einmal kommandieren. He! Enners! Das Donnerwetter über diese Bummelei! (Zu Enners, der aus dem Hause kommt.) Der Saal noch nicht hell, der Garten noch finster? Soll ich zum General senden?

Enners.

Der wird mir auch nicht mehr Hände und Beine machen, als ich von Natur habe. Bis jetzt hat er nur Krüppel fabriziert und aus mir macht er keinen Tausend=fuß. (Geht brummend ab.)

v. Reichmeister.

Widerwärtiger Kerl! Müssen schon selbst zugreifen, meine Herren, wenn der Klub vor Sr. Majestät bestehen soll. Ein Glück, daß der Klub uns hat! (v. Reichmeister geht mit Balke und v. Brandenstein ins Haus.)

Zehnte Scene.

Es wird hell im Saale; im Garten werden Lichter angezündet, bunte Lampen befestigt u. s. w. Zahlreiche Klubmitglieder mit Frauen und Töchtern erscheinen und begeben sich nach dem Hause; auch Präsident v. Schele in großer Uniform.

v. Schele (zu einem Klubmitgliede).

Se. Majestät sind von dem Empfang der getreuen Bürgerschaft sehr befriedigt und erwarten um so zuversichtlicher . . .

Klubmitglied.

Wir thun unsere Pflicht, Herr Gouverneur, wie wir sie immer gethan haben gegen unsere Herren. Sie schützen uns wenigstens vor denen, die alles umstürzen wollen.

v. Schele.

Das ist es! Das ist es! Das Königtum in jederlei Gestalt ist unser Hort. (Zu Struckmann, der mit Frau, Tochter und Nichte erscheint.) Ah, Herr Präfekturrat! Herzlich willkommen. Frau Präfekturrätin . . . Ah, welch schönes Bouquet! Gewiß zur Ueberreichung an Se. Majestät bestimmt. Allerhöchstderselbe liebt keine Reden, weil sie auch ihn zum Reden zwingen würden, und wird daher um so lieber den stummen Gruß der Blumen entgegennehmen, besonders, wenn er von so schöner Hand, wie der Demoiselle Helenens, dargeboten wird.

Struckmann.

Im Namen meiner Tochter, Herr Gouverneur, muß ich heute diese Ehre leider ablehnen. Helene bringt schon durch ihr Erscheinen ein großes Opfer.

v. Schele.

Es handelt sich hoffentlich nur um eine kleine Unpäßlichkeit; dann gestatten Sie aber gewiß, daß Demoiselle Anna . . .

Friederike.

Wir besorgen, Herr Gouverneur, meine Nichte würde befangen sein wie meine Tochter. Mein Gatte wünscht daher, daß ich selbst ...

v. Schele
(Struckmann leicht auf die Schulter klopfend).

Sie können Recht haben, Herr Präfekturrat. Gut, gut. Lassen wir das so. Aber Se. Majestät dürften nicht lange mehr auf sich warten lassen. Machen wir uns empfangsbereit.

(Während v. Schele mit Struckmann, Friederike, Helene und Anna nach dem Hause geht, füllt sich der Garten mehr und mehr. Aus dem Hause kommen Damen und Herren im Ballkostüm. Aus der Ferne hört man Hochrufe, die näher und näher ertönen.)

Adjutant Boinet (eilig).

Der König naht! Wo ist der Herr Gouverneur?

v. Schele
(mit Struckmann, v. Brandenstein, Balke, v. Reichmeister und Damen aus dem Hause kommend).

Lassen Sie uns Spalier bilden! Die Damen in die inneren Reihen!

(Helene und Anna suchen in der Menge zu verschwinden, werden aber vorgeschoben, so daß sie neben Friederiken in die innere Reihe kommen.)

König Jérôme
(mit General v. Bouthillier und anderem Gefolge erscheint am Eingange. Rotfeuer).

v. Schele (mit erhobener Stimme).

Vive Sa Majesté le roi de Vestphalie!

(Hochrufe, in welche die Musik mit einem Tusch einfällt.)

König Jérôme
(dankt freundlich nach allen Seiten).

Friederike
(reicht ihm mit tiefer Verbeugung das Bouquet).

Puissent ces fleurs dire à Votre Majesté ce que nos coeurs éprouvent pour Elle!

König Jérôme.

Votre amabilité me ravit, Madame. (auf Helenen blickend) Et cette fleur-ci, Mademoiselle votre fille, n'est-ce pas, Madame?

Friederike
(verneigt sich bejahend.)

König Jérôme.

Mademoiselle, soyez la reine du bal.
(Reicht Helenen die Hand und führt sie, während die Musik einen Marsch spielt, nach dem Saale; der größte Teil der Versammelten folgt.)

v. Brandenstein
(drängt sich an den General heran). Auf zwei Worte, Herr General.
(Führt ihn etwas seitwärts, spricht eifrig mit ihm und geht dann mit ihm gleichfalls nach dem Saale.)

Elfte Scene.

Dr. Bezin, Pagenstecher, Ehmbsen. Später Stübe, noch später Friederike

Dr. Bezin

(von Brandenstein nachblickend). Was hat der Avoué wohl wieder zu denunzieren?

Ehmbsen.

Behalten wir ihn im Auge. Es ist doch wohl gut, daß ich mirs abgezwungen habe, hier zu erscheinen. Es kann Ueberraschungen geben. (Zu Pagenstecher) Haben Sie den Blick beobachtet, mit dem der König Helenen Struckmann die Hand reichte?

Pagenstecher.

Und auch das Gesicht des Vaters, als er diesen Blick auffing. Wär' ich an seiner Stelle...

Dr. Bezin.
Wie gut, daß Stüve nicht da ist.

Ehmbsen.
Mit dem geht etwas vor. Eben begegnete ich ihm, doch sah er mich nicht, obwohl ich ihm zurief. Doch da kommt er ja. (Zu Stüve) Läßt es auch Ihnen keine Ruhe daheim?

Stüve.
Das ist wohl kein Wunder; ist etwas Besonderes hier vorgefallen?

Pagenstecher.
Unerwartetes nicht gerade. Aber Bemerkenswertes. (Führt Stüve etwas zur Seite.) Ohne Zweifel hoffst Du Helenen zu sehen und zu sprechen, wie ich Anna. Jedenfalls mußt Du Dich gedulden, denn der König scheint Gefallen an ihr zu finden.

Stüve (auffahrend).
Der König?

Ehmbsen (hinzutretend).
Um Gotteswillen, keine Scene! Sie könnten es schwer büßen müssen.

Pagenstecher.
Laß mich beobachten und halte Dich so viel als möglich im Hintergrunde.

(Will nach dem Hause.)

Friederike
(kommt eilig aus dem Hause und blickt sich suchend um).

Pagenstecher.
Sie suchen, Frau Präfekturrätin?

Friederike.
Meinen Gatten. Haben Sie ihn nicht gesehen? Der König fragt nach ihm und er ist nicht zu finden. Ich bin in Unruhe. Helfen Sie mir, ihn suchen.

Pagenstecher.

Mit Freuden zu Ihren Diensten, Frau Präfekturrätin.
(Friederike und Pagenstecher in das Haus.)

Ehmbsen.

Was geht da vor? Struckmann muß gesucht werden, wenn der König nach ihm fragt? Mag er nicht sehen und hören, wie gnädig Se. Majestät gegen ihn und sein Haus gesinnt ist?

Dr. Bezin.

Gehen ihm die Augen endlich auf?

Stüve.

Kommt er nicht dort mit dem General?

Dr. Bezin.

In eifrigem Gespräch.

Stüve.

Er darf mich nicht sehen.
(Tritt mit den beiden Andern seitwärts zurück.)

Zwölfte Scene.

Dr. Bezin, Ehmbsen und Stüve seitwärts im Hintergrunde; Struckmann und General auf der andern Seite im Vordergrunde

General.

Ik offen, daß Sie werden wissen schätzen la grâce de Sa Majesté.

Struckmann.

Offen gestanden, Herr General, ich vermag die Gnade in diesem Falle nicht zu erkennen. Ich wurzle hier mit allen Fasern meines Seins und will hier begraben sein.

General.

Begraben! Sie können sein begraben noch lang genuk. Vorerst Sie sollen leben in Kassel avec votre familie, près de la Cour.

Struckmann (fest).

Ich bin kein Hofmann, verstehe nicht den höfischen Gebrauch und werde mich in meinem Alter nicht mehr an ihn gewöhnen, selbst wenn ich es wollte.

General.

Aber Sa Majesté wollen. Verstehen Sie? Der König, **Ihr König wollen!**

Struckmann (wie vorher).

Sie sprachen von einer **Gnade**, Herr General, nicht von einem **Zwang**, der mir angethan werden solle.

General.

Zwang! Die Gnade des Königs sein immer Zwang, weil sie nit kann sein refüsiert.

Struckmann.

Und wenn ich doch refüsiere? Refüsiere als Mann und Vater?

General.

Eh bien, dann Sie werden nit sein gefrakt.

Struckmann.

Ich protestiere gegen den Zwang.

General.

Mein Auftrak sein zu Ende. Voyons, ob Sie werden antworten dem König wie mir. Kommen Sie.

Struckmann.

Ich komme. Se. Majestät soll meine Antwort haben. Eine **deutsche Antwort!**

(Struckmann mit dem General nach dem Hause ab.)

Dreizehnte Scene.

Stüve, Dr. Bezin, Ehmbsen. Bald darauf Helene und Boinet.

Ehmbsen.

Was war das? Das glich mehr einem Streite als einer freundlichen Unterredung.

Stüve (tief erregt).

Was es gab? Ein Blinder kann es fühlen! Ich muß in den Saal!

Dr. Bezin.

Lassen Sie sich warnen, Stüve. Was wollen Sie auch dort? Struckmann wird Sie zu seinem Beistande nicht wählen. Und seh ich recht, so erreichen Sie Ihren Zweck hier besser.

Helene
(erscheint in der Thür des Hauses und blickt sich suchend um).

Stüve
(sie erkennend flüstert den Anderen zu).

Laßt uns allein!

(Ehmbsen und Dr. Bezin treten zur Seite.)

Stüve
(eilt Helenen entgegen, sie ihm; Boinet folgt ihr).

Helene
(reicht in fliegender Hast Stüve die versprochene Münze).

Hier! Jetzt muß ich zurück. Bald siehst Du mich wieder. Wir verlassen den Ball!

Stüve (ihre Hand fassend).

Was geht vor, Helene?!

Boinet
(tritt rasch hinzu und legt seine Hand auf Stüves Schulter).

Herr Tribunalassessor, Sie sind mein Gefangener!

Helene
(schreit auf und will entfliehen).

Boinet (faßt ihren Arm).
Demoiselle, pardon, Sie haben mit diesem Herrn heimlich gesprochen und ihm etwas übergeben; ich muß auch Sie verhaften.

Stüve.
Wagen Sie es nicht, diese Dame zu berühren!

Boinet.
Ich handle nach meiner Instruktion.

Dr. Bezin (der mit Ehmbsen herzueilt).
Unerhört! Wir stehen ein für diesen Herrn und diese Dame.

Boinet.
Zurück, oder auch Sie sind meine Gefangenen!

Ehmbsen.
Die Hände fort, Herr Adjutant, oder ich brauche meine deutschen Fäuste!

Boinet.
Gewalt? (Giebt ein Signal, auf das Soldaten erscheinen.) Fort mit allen!

Ehmbsen (noch lauter als vorhin).
Ist es so gemeint? So kommt an, Ihr Häscher!
(Stößt die Soldaten zurück.)

Boinet
(giebt ein neues Signal).

Dr. Bezin.
So ists Recht! Macht die ganze Stadt lebendig!
(Die Musik im Saale verstummt plötzlich.)

Vierzehnte Scene.

Die Vorigen; aus dem Saale und von der Straße her Männer und Frauen; bald auch König Jérôme.

Struckmann (die Gruppe durchbrechend).

Was bedeutet dieser Lärm? Wozu diese Soldaten? (Stüve und Helenen erblickend.) Sie hier, Herr Tribunalassessor, und Du, Helene?

Helene (wirft sich in seine Arme).

Man will mich verhaften, Vater!

Struckmann.

Verhaften? Wer? Herr Adjutant, stehen Sie mir Rede! Mit welchem Rechte . . . .

Boinet.

Nur meinem Vorgesetzten bin ich Rechenschaft schuldig. Und wer sich mir bei Ausübung meiner Pflicht widersetzt, ist mein Gefangener. So lautet der Befehl.

General (mit starker Stimme).

So lauten mein Befehl! (Zu Boinet) Vous avez arrêté ce monsieur (auf Stüve deutend), bien! Mais mademoiselle?

Boinet.

Ich fand sie in heimlicher Unterhaltung mit ihm und sah, daß sie ihm etwas übergab.

General.

Ah! C'est ça?

Boinet.

Und ich verhaftete alle, die jener Verhaftung sich widersetzten.

General.

Serr gut! (Zu Struckmann) Ah, monsieur le conseiller,

if verstehen jetzt, warum Sie refüsieren la grâce de Sa Majesté. Ah! Monsieur le conseiller konspirieren avec ce traître, et Mademoiselle sert d'intermédiaire, elle, la reine du bal! Serr gut! Sie werden sein mein Gefangener avec mademoiselle votre fille!

Friederike
(sich durchdrängend und ihren Gatten umschlingend).

Gefangen Du?!

Struckmann (mit bitterem Hohn).

Ja, Friederike, das ist die Gnade des Königs. Wir sollen nach Kassel, gleichviel unter welchem Vorwande!

Friederike.

Und ich folge Dir!

General
(mit einer ironischen Verbeugung).

Wenn Madame befehlen . . . .

Friederike.

Aber wehe dem, der eine deutsche Mutter zum Aeußersten treibt!
(Dumpfes Murren unter der Menge.)

Ehmbsen.

Mitbürger, wollt Ihr solche Gewalt dulden?
(Lauteres Murren.)

König Jérôme
(mit dem Gouverneur in der Saalthür erscheinend und sich erschreckt umsehend).

A mon aide, mes soldats!

General
(den Degen ziehend).

A l'aide de Sa Majesté!

v. Schele.

Hoch Se. Majestät der König! Die Gasse frei für seine geheiligte Person!
(Nur Wenige stimmen in den Ruf ein.)

Struckmann.

Die Gasse frei erst für die Gefangenen, die Vorhut Sr. Majestät! Weicht der Gewalt — der Himmel wird richten!

(Auf einen Wink des Generals werden Struckmann, Friederike, Helene und Stüve aus dem Garten geführt und alle zurückgestoßen, die ihnen zu nahen suchen. Die übrigen werden freigelassen. Dann schreitet der König, von v. Schele, dem General, v. Brandenstein, Balke und v. Reichmeister umgeben, durch die Menge. Dicht beim Ausgange wendet sich der König noch einmal zurück und spricht einige Worte zum General.)

General (mit erhobener Stimme).

Se. Majestät befehlen, daß von eute ab dieser Klub seien geschlossen. Wir werden wissen, wie seien auszuführen dieser Befehl.

(Der König mit seinem Gefolge ab.)
(Eine Weile stehen die Zurückgebliebenen in dumpfem Schweigen.)

Ehmbsen.

Das ist wälsche Gnade und wälscher Segen! Habt Ihr genug davon? So hebt die Hände zum Himmel und fleht zu Dem, der drüber thront als Richter und Rächer! Fleht zu Ihm, daß er den Befreier sende, den Befreier aus Schande und Schmach!

Alle (die Hände erhebend).

Den Befreier aus Schande und Schmach!

Der Vorhang fällt.

Zweiter Aufzug.

Klubsaal. Alles öde; die Fenster mit Brettern vernagelt. Der Garten ist im Hintergrunde gedacht.

Erste Scene.

Enners; bald darauf Oberst v. Dincklage; später Pagenstecher und Gruner.

Enners

(mit einer Windlampe, untersucht, ob die Thüren fest verschlossen sind, und stellt die Stühle zurecht).

Heute kommen gewiß viele. Es geht was vor, es geht was vor! Den General hab ich gesehen, der macht ein Gesicht, ein Gesicht so lang! — Und wenns wahr ist, was man flüstert, daß bei Leipzig... Herr Gott, Herr Gott, dann hat ja aller Jammer ein Ende und wir treiben die verfluchten Franzosen mit Knüppeln hinaus. — Und hier wird wieder ein Leben werden, daß es eine Freude ist. Wir haben ja mehr Mitglieder jetzt, obgleich wir geschlossen sind, als je zuvor. Die Ausgetretenen sind alle wiedergekommen und alles ist ein Herz und eine Seele. Das hat der Brand von Moskau gemacht und die furchtbare Niederlage des vermeintlich Unbesiegbaren in Rußland. — Jetzt sollte einmal Einer ein Hoch auf ihn ausbringen wollen! Aber wenn von Blüchern die Rede ist, da vergessen sie ganz, daß niemand es hören darf. Und ich verwette meinen Kopf, alle Welt weiß es, daß wir ganz heimlich hier zusammen kommen. Der Gouverneur weiß es und der General auch. Aber sie wagen nichts mehr zu sagen, sie wissen, daß es zu Ende geht mit ihrer Herrlichkeit. Wir kommen wieder oben auf; das sag ich, und was ich sage, ist noch immer eingetroffen.

Oberst
(durch eine kleine Seitenthür eintretend).

Noch allein, Enners? Wird nicht lange dauern. Es geht was vor! Nicht lange mehr werden wir uns bei verschlossenen Thüren und Fenstern wie Diebe versammeln müssen.

Enners.

Sag ich's nicht schon seit Wochen? Napoleum kriegt seinen Lohn und König Lustik mit. Hol der Teufel den verdammten Mädchenjäger und verkuppele ihn mit seiner eigenen Großmutter!

Oberst.

Pfui Teufel, Enners! Wie kann ein Mensch mit seiner eigenen Großmutter . . . .

Enners.

Ach was! Ich meine dem Teufel seine Großmutter.

Oberst.

Das ist freilich ein christlicher Wunsch. Dem stimm ich bei. Das hat der saubere Bruder Lustik schon um Struckmann und die arme Helene verdient. Wie's denen nur gehen mag! Wißt Ihrs denn schon, Enners? Jérôme . . . .

Pagenstecher
(der ebenfalls durch die kleine Seitenthür kommt).

Neues aus Kassel, Herr Oberst?

Oberst.

O, ich habe so meine Quellen, die mir die Franzosen nicht abschneiden. Diesmal freilich nichts Gutes. Jérôme, den Tschernitschews Kosaken kaum am 30. September verjagt hatten, ist bald darauf zurückgekehrt und hat sich der Kriegskasse bemächtigt.

Pagenstecher.

Der Halunke! Aber seinem Geschicke entgeht er nicht!

Über die Schlacht bei Leipzig erzählt man Dinge .. es ist eben wieder eine Staffette eingetroffen, welche die Franzosen ganz bestürzt macht. Das ist ein Gemunkel unter ihnen und ein Gesichterschneiden .. geben Sie acht, Herr Oberst, sie ziehen bei Nacht und Nebel ab. Die Russen unter Tettenborn sollen im Anzug sein und eine deutsch-englische Freiwilligenlegion unter dem jungen Wallmode ebenfalls.

Oberst.

Gott sei Dank, der ist nicht wie sein Vater! Wenn ich an den denke, so kochts in mir!

Pagenstecher.

Vielleicht ist auch Ihr Neffe auf Wallmode gestoßen. Es bestätigt sich doch, daß er aus Wesel entkommen ist?

Oberst.

Damit hat es seine Richtigkeit. Aber ich glaube, er hat sich nach Leipzig zu geschlagen, und wenn ich daran denke .... Was haben Sie von Leipzig gehört? Heraus damit! Schonen Sie mich nicht!

Pagenstecher.

Ueber Ihren Neffen garnichts, Herr Oberst. Und das Andere, o Gott, es ist zu groß, zu schön, als daß man es glauben könnte!

Gruner (hereinstürzend).

Sie ziehn ab! (Umarmt Pagenstecher) Sie ziehen ab! Sie sammeln sich heimlich in einzelnen Trupps, still, aber in Hast; mit düsteren Mienen, als ob vor jedem Thore ein Blücher stände. Sie murren nicht bei höhnischen Rufen und die Führer haben nur Ohren für die Berichte der Kundschafter, die trübe Nachrichten bringen müssen.

Ehmbsen
(hereinstürzend, während draußen ferne Rufe erschallen).

Sie ziehen ab! Der Tag der Freiheit bricht an!

Unsre Peiniger verlassen die Stadt. Die Fenster auf, die Thüren auf! Das Licht bricht an nach langer Finsterniß! Gott hat gerichtet!

Zweite Scene.

Die Vorigen; v. Schele.

v. Schele

(tritt unbemerkt durch die Seitenthür ein, naht der Gruppe und schlägt den Mantel zurück, in den er gehüllt ist).

Meine Herren! (Alle stehen bestürzt.) Besorgen Sie nichts. Ich wußte schon früher, daß Sie heimlich sich hier versammeln, aber ich mochte es nicht wissen. Warum, das habe ich mit mir selbst abzumachen. Jetzt ruft mich mein Geschick von hier; die Rolle, die ich zu spielen hier gezwungen war, ist ausgespielt mit der Rolle derer, von denen ich das Heil dieses Landes erwartete. Mit dieser Rolle endet auch die Schließung dieser Räume. (Zu Ehmbsen) In Ihre Hand, Herr Friedensrichter, lege ich die Schlüssel. Mit der Luft und dem Lichte, die hier wieder einziehen, beginnt für Sie eine neue Zeit, mein Herren; vielleicht für alle Lande, die einst vereinigt waren unter einem deutschen Kaiser. Möge sie Segen bringen. Was mir bestimmt ist, weiß ich nicht. Von Ihnen möchte ich in Frieden scheiden. Gott sei mit Ihnen .. gute Nacht.

(v. Schele ab; Alle stehen ergriffen.)

Dritte Scene.

Die Vorigen ohne v. Schele; bald darauf v. Brandenstein.

Oberst.

Mit ihm weicht das Regiment, das Deutsche über Deutsche als Statthalter fremder Willkürherrschaft setzte, Licht und Freiheit kehren zurück. Wir sind frei, die Stadt ist frei, so öffnet denn die Thüren . . . .

v. Brandenstein

(hereinstürzend, während draußen das Rufen und die Bewegung zunimmt).

Retten Sie mich! Barmherzigkeit! Ein Volkshaufe will mich steinigen!

Oberst.

Wer den Galgen wert ist, kommt nicht durch Steine um. Denken Sie an Stüve und Struckmann!

Gruner.

Richtet nicht, denn ein Höherer hat sein Gericht an ihm zu vollziehen begonnen.

Pagenstecher.

Verbergen Sie sich, bis der Tumult sich gelegt hat. Dann folgen Sie denen, zu deren Knechte Sie sich machten.

Ehmbsen.

Recht so, da gehört er hin.

(Pagenstecher und v. Brandenstein ab.)

Vierte Scene.

Die Vorigen ohne Pagenstecher und v. Brandenstein; später Dr. Bezin und Andere.

Oberst.

Und nun ans Werk.

(Ehmbsen schließt die große Thür im Hintergrunde auf, die Uebrigen brechen die Bretter von den Fenstern weg.)

Gruner.

Und nun, Enners, Lichter herbei, Lichter und Fahnen, preußische, hannöversche und russische, deutsche giebts ja noch nicht!

Oberst.

Aber es wird welche geben und sie werden wehen

über einem freien und einigen deutschen Vaterlande! Hört Ihr?
(Beim Oeffnen der Thür wird ferner Trommelwirbel und brausendes Rufen vernehmlich.)

Oberst.

Dieser Trommelwirbel ist der Gruß der Zukunft. Hoch die Zukunft, Deutschlands Zukunft!
(Stürmische Hochrufe; Männer und Frauen bringen herein und umarmen die Klubmitglieder; Lichter werden im Saale und im Garten angezündet, Fahnen herbeigeschleppt und entfaltet. Plötzlich ferne Schüsse. Alle stehen erstarrt.)

Oberst.

Was ist das?

Gruner.

Abermals ein Wechsel?

Rufe.

Gott sei uns gnädig! Die Franzosen kehren zurück! Löscht die Lichter aus!

Dr. Vezin.

Nicht kleinmütig, Freunde! So straft uns der Himmel nicht nach solchem Glücke! Wer geht auf Kundschaft aus?

Rufe.

Ich! Ich!

Andere Rufe.

Die Lichter aus!

Oberst (mit Donnerstimme).

Ruhe! Seid Ihr Männer? Seid Ihr Deutsche? Hört den, der da kommt!

Fünfte Scene.

Die Vorigen; Pagenstecher.

Pagenstecher (außer Atem).
Triumph! Triumph!

Oberst.
Still! Wer noch einen Laut von sich giebt …

Rufe.
Er ruft Triumph! Hört ihn! Hört Pagenstecher!

Pagenstecher
(der auf einen Tisch gehoben worden).

Die Vorhut der Russen ist im Anmarsch. Die Franzosen fliehen!

(Hochrufe und Umarmungen.)

Dr. Bezin.
Pagenstecher weiter reden! Ruhe!

Pagenstecher (der sich gesammelt hat).
Und von Süden her Deutsche und Engländer, der Herzog von Cambridge an der Spitze, als Feldmarschall und neuer Generalmilitärgouverneur von Hannover. Seine Vorhut, die v. Brandenstein gefangen genommen, ist schon zum Johannisthor herein. Die Reiter werfen Blätter unter die Menge. Ich habe eines aufgerafft; es ist ein Lied von Moritz Arndt und besingt die Völkerschlacht bei Leipzig. Hört es an, hört, was der Herr an uns gethan über unser Verdienst und Würdigkeit! Hebt die Hände zum Himmel und hört das Lied, das wie Glockenklang und Posaunenton hinausschallen wird in alle Lande, soweit die deutsche Zunge klingt!

(Alles drängt sich tief ergriffen um den Tisch.)

Pagenstecher (lesend mit andachtsvoller Stimme).

Wo kommst Du her in dem roten Kleid
Und färbst das Gras auf dem grünen Plan?
Ich komme her aus dem Männerstreit,
Ich komme rot von der Ehrenbahn:
Wir haben die blutige Schlacht geschlagen,
Drob müssen die Weiber und Bräute klagen,
Da ward ich so rot

Sag an, Gesell, und verkünde mir:
Wie heißt das Land, wo ihr schlugt die Schlacht?
Bei Leipzig trauert das Mordrevier,
Das manches Auge voll Thränen macht;
Da flogen die Kugeln wie Winterflocken
Und Tausenden mußte der Atem stocken,
Bei Leipzig der Stadt.

Wie heißen, die zogen ins Todesfeld
Und ließen fliegende Banner aus?
Die Völker kamen der ganzen Welt
Und zogen gegen Franzosen aus,
Die Russen, die Schweden, die tapferen Preußen
Und die nach dem glorreichen Oestreich heißen,
Die zogen all aus.

Wem ward der Sieg in dem harten Streit,
Wer griff den Preis mit der Eisenhand?
Die Welschen hat Gott wie die Spreu zerstreut,
Die Welschen hat Gott verweht wie den Sand —
(Brausender Jubel, den Pagenstecher nur mit erhobener Stimme über-
tönen kann.)
Viel Tausende decken den grünen Rasen,
Die übrig geblieben, entflohen wie Hasen,
Napoleon mit!
(Erneuter Jubel und Umarmungen. Draußen anschwellendes Glocken-
geläute und Hochrufen des Volkes.)

Sechste Scene.

Die Vorigen; Balke.

Balke (hereinstürmend).

Der Herzog von Cambridge zieht ein! Mit ihm ist Struckmann samt Frau und Tochter!

Oberst.

Er hat den Segen der korsischen Herrschaft gekostet und ist der unsere mehr als je. (Balke die Hand reichend) Wie Sie, Herr Tribunalrichter! (Zu den Andern) Laßt uns Struckmann entgegen!

Balke.

Er ist schon auf dem Wege hierher samt Stüve, der mit bei Leipzig focht. Sie werden ja nicht erschrecken, Herr Oberst, wenn er den Arm in der Binde trägt.

Oberst.

Hat er auch geblutet für sein Vaterland? Die Binde ziert ihn mehr, als der höchste Orden.

Balke.

Auch dieser ward ihm. Er trägt das Eiserne Kreuz.

Oberst.

Das Eiserne Kreuz? (Trocknet sich die Augen) Könnt ich Dich beneiden, Junge, so neidete ich Dir dieses Kreuz!

Siebente Scene.

Die Vorigen: Struckmann und Friederike; Stüve und Helene.

Oberst.
(eilt auf Stüve zu und reißt ihn an seine Brust).

Junge! Junge! Du machst mich stolz. Deine

Wunde und Dein Kreuz adeln Dein ganzes Geschlecht. Und Helene mit Dir? (Zu Helenen) Kind, soll das heißen?..

Helene (sich in seine Arme werfend).

Onkel, nun ist alles Leid vorüber!

Struckmann
(der inzwischen Händedrücke mit den Uebrigen gewechselt, zu Dinclage).

Alter Freund!

Oberst.

Struckmann! Was haben Sie erdulden müssen!

Struckmann.

Und lernen! O, daß der Feind mich lehren mußte, was ich den Freunden nicht glaubte!

Oberst.

Sie dachten zu gut von ihm, weil Sie so gut sind.

Struckmann.

Und unterschätzte die deutsche Kraft und das deutsche Herz, das unter dem schwersten Drucke sich immer wieder auf sich selbst besinnt. — Die Tochter führe ich zurück, wie sie von hier gegangen. Das Mutterauge . . .

Oberst.

Das treue (Friederiken die Hand küssend) hat gewacht. Die Elternhände haben gesegnet, (Stüves und Helenens Hände ineinanderlegend) so nehmt auch meinen Segen! Gott schirme Euch, wie er Euch bisher geschirmt!
(Allgemeine Beglückwünschung.)

Struckmann.

Und Anna, meine Nichte? Ist niemand hier, der sie in meine Arme führt?

Oberst (sich umsehend).

Gerade weil er nicht da ist, wird er bald genug kommen.

Achte Scene.

Die Vorigen; Pagenstecher mit Anna.

Anna

(auf Struckmann, Friederiken und Helenen zueilend und sie umarmend).

So hab ich Euch wieder! Wieder wie ehedem!

Struckmann.

Doch nicht so ganz wie ehedem. Die Freundin, die Schwester ist Braut. Ihr Herz gehört Dir nur noch zum Teil. Du brauchst Ersatz und der soll Dir werden. (Zu Pagenstecher) Herr Assessor, bilden Sie diesen Ersatz. Ich weiß, er wird gern angenommen. (Legt Annas Hand in die Pagenstechers.)

Friederike.

Von ganzem Herzen segne ich diesen Bund in der segenvollsten Stunde, die mir je vergönnt war.

Helene (Anna umarmend).

Nun sind wir erst recht Schwestern.

Pagenstecher (Stüve umarmend).

Und wir erst recht Brüder. (Da Stüve zusammenzuckt) Ich vergaß Deine Wunde.

Stüve (beruhigend).

Sie ist leicht und wird bald vernarben. Aber ich wäre nicht wiedergekehrt, wenn nicht ein Talisman die feindliche Kugel von meiner Brust abgelenkt hätte — der Talisman, den Helene mir beim Scheiden gab. (Zieht die Denkmünze hervor.)

Oberst.

Sie erbe in unserer Familie vom Sohn zum Enkel.

Stüve.

Ich habe sie gelobt als Opfergabe für das Denkmal,

das die befreite Nation den blutgetränkten Gefilden Leipzigs nicht schuldig bleiben wird.

Struckmann.

Ich löse diese Opfergabe aus mit dem zehnfachen Werte.

Oberst.

Ebensoviel steure ich bei, wenn ich's zusammenbringe.

Friederike.

Ich sammle bei den Frauen.

Helene.

Und ich bei den Bräuten. Sie wären ihres Glückes nicht wert, wenn sie vergessen könnten ... O, wie lautet doch die Strophe, die wir unterwegs hörten: — Man wird es nie vergessen, wie dorten ward gemessen — nein, nicht so ...

Stüve.

O Leipzig, Stadt der Linden,
Dir glänzt ein ewges Licht!
Zu Dir den Weg zu finden,
Braucht man den Führer nicht.
Man wird es nie vergessen,
Wie Babels Turm erlag,
Man spricht von Leipzigs Messen
(an das Schwert schlagend)
Bis an den jüngsten Tag!

Alle.

Bis an den jüngsten Tag!
(Aus der Ferne vom Turme hört man den Choral blasen: Nun danket Alle Gott. Alle lauschen tief ergriffen. Bei dem Verse: „Der große Dinge thut" hört man draußen Stimmen einfallen. Bei dem Verse: „Der uns von Mutterleib" stimmen auch einzelne der Versammelten ein, sodaß beim Schlußverse die ganze Versammlung mitsingt.)

Der Vorhang fällt langsam.